Improvisationen über Fragmente der Liebe

Erste Auswahl

von Teilzeitpoet
Joachim Walliser

© 2018 Joachim Walliser

Umschlaggestaltung, Illustration: Joachim Walliser nach Vorlage des Verlages
Coverbild: Klaus Hertweck
Herausgeber: Joachim Walliser

Verlag und Druck: tredition GmbH, Halenreie 40-44, 22359 Hamburg

ISBN Paperback 978-3-7469-5084-6
ISBN Hardcover 978-3-7469-5153-9
ISBN e-Book 978-3-7469-3738-0

Bibliografische Information der Deutschen Nationalbibliothek:
Die Deutsche Nationalbibliothek verzeichnet diese Publikation in der Deutschen Nationalbibliografie; detaillierte bibliografische Daten sind im Internet über http://dnb.d-nb.de abrufbar.

Mein Dank geht an Klaus für das Cover-Motiv, meinen Bruder, Lydia, Hendrik, Gero, Erika und Annika für deren Hilfe.

Joachim Walliser

Ein unbeschriebenes Blatt

www.walliser.net

Inhalt

Vorwort

(Als wärest Du mein Freund)

Es ist also ein Liebender…

der da spricht und sagt:

Lass mich
Nimm mich
Will mich
Lieb mich
Okkupier mich

teil mit mir

Ich danke Dir!

Verus amicus est tamquam alter idem.

JA!
Ein wahrer Freund ist gleichsam ein zweites Selbst

Der Abwesende

Stelle mir vor, ich befinde mich in einem Kaffee, alleine.
Bin einsam, werde nach meinen Wünschen gefragt.
Ich werde umworben.
Und bin doch offensichtlich alleine hier – verlassen?
Hänge meinen Gedanken nach – im Café Bleu – in Melancholie!

Die Abwesenheit ist eine Verlassenheitsprüfung.

Konstruktion 1 – Heim (archaisches Motiv der Frau)
Verortung des Liebesobjektes in der Sesshaftigkeit.
Sozusagen verfügbar ...

Konstruktion 2 – Abenteuer (archaisches Motiv des Mannes)
Abwesend ist immer nur der Andere
Ich bin weg, auf Reisen, im dauerhaften Aufbruch,
auf Wanderschaft, streune umher, bin flüchtig.
Motiv des Seemanns, des Jägers.

Und heute? Im Wechselspiel der Post-Moderne, postfaktisch

Werde ich weniger geliebt als ich liebe?
Bin ich feminisiert, wenn ich verlassen bin? Berge ich dann das weibliche Motiv?

Ich lerne die Abwesenheit ertragen – Unterwerfe mich der Dressur.

Beängstigende Abwesenheit der Mutter. Ich werde diszipliniert. Ich vergesse und so überlebe ich... Habe Sehnsucht nach leiblicher Gegenwart. Was ist die Gegenposition und das Puzzlestück der Abwesenheit? Das Verlangen?

Unsere griechischen zivilisatorischen Väter unterscheiden ein Verlangen nach dem Abwesenden und Anwesenden.
Das Verlangen nach dem Abwesenden – pothos
Das Verlangen nach dem Anwesenden – himeros

Die abwesende Person – unerträgliche Präsenz
Unerträgliche Angst.

Die Abwesenheit bleibt – hartnäckig
Also mache ich ein Hin und Her daraus, eine Geschäftigkeit – ohne Erfüllung

Sehne mich nach dieser religiösen Intimität, nach der Schwere und der Welt der Leiden.
Entbehrung – meine Begierde bricht sich am Bedürfnis.
Verfallenheit – mache den Abwesenden verantwortlich
Hunger – unstillbar
Erfolglosigkeit

Ein buddistischer Koan:
Der Meister hält den Kopf des Schülers sehr lange unter Wasser – im letzten Moment zieht er ihn heraus.

Wenn Du so sehr nach Wahrheit verlangt hast wie nach Luft, wirst Du wissen was sie ist.
Die Abwesenheit des Anderen drückt mir den Kopf unter Wasser. Ich bereite in mir den „unheilbar Liebenden" vor.

Angst, Agony
diffus

Gefahr
Verletzung
Verlassenwerden

unfreundliche, diffuse, stupide, kalte
anfliegende Gedanken
Kenne ich

Angst vor dem Zusammenbruch
Der bereits erlitten wurde

Ach da bist Du ja wieder!
Warum schon wieder ich?
Muster-Fehler-Schüler ohne Erkenntnis

Edison: Hattest Du auch Angst mit dem Glühdraht?

Hab keine Angst, Du hast sie bereits verloren

Atopos

Atopos 0

Ortlosigkeit
Nicht zuzuordnen
Von hoher Qualität
Unbeschreiblich
Unverortbar

Das selten zu Erlebende
Herausragendes Original
Im besten Sinne
Erlebnisqualität
SEIN in unerwarteter Weise

Kein Idol
Keine Schwärmerei
Eher Ergriffenheit
Nicht festzulegen

Das Tao – das Ursprüngliche
Die Seinsfülle
Flow-Erlebnis
Wenn auch nur kurz.

Atopos 1

Das Glück
des Unvorhersehbaren
bezaubernden
Anderen

Hat mich
in meinem kümmerlichen Leben
erreicht
beglückt
nicht zu fassen
Aber schön.

Atopos 2

mein Atopos schweigt
grausig
entzieht sich
lässt mir das Böse ohne Wissen angedeihen

Zugeschriebene Unschuld
stimmt natürlich nicht
glänzende Originalität
hat mich zurückgelassen
wie ein Päckchen Sprengstoff

Die Originalität,
die nur in Beziehung existiert.

nicht einzuordnende
unvorhersehbare Originalität –
DU FEHLST MIR!

(meine) Lösungsidee

Ich wäre gern dein Kater
Verlachte die Liebhaber
Ließe mich von dir streicheln
Wäre um Dich
Kaute zärtlich an deiner Hand
Zwischen Daumen und Zeigefinger.

Brauche keine Idee, keinen Ausweg,
keine katastrophalen Gefühle
Keine Trennung, keinen Rückzug
Keine Reise als Scheinflucht.
Muss mir nichts ausmalen
Kein Theater, keine Szene.

Wir wohnen zusammen
ohne Aufdringlichkeit
und Zurückweisung
ganz ohne Pathos gehen wir ein und aus.
Kein Trauerspiel, keine Abschiedsszene
Keine Tragik und keine Falle

Kein Liebeswahn
Und kein Doppelter Knoten
Wir müssen uns nicht aus der Affäre ziehen.
Mäandern umeinander herum, in aller Freiheit.

Bilder
Idee einer Projektion

Was sehe ich
für Bilder
sie berühren mich mehr als das denken, mehr als
alles

Vom Bild bin ich oft ausgeschlossen
Bilder: mit und ohne Rätsel

Gegen die Unwiderruflichkeit kann ich nur mit einer
Fälschung antreten
Doch meine inneren Bilder
Haben das letzte Wort.

Er fasst sie um den schlanken Leib
Und ich werde das Bild nicht los.
Er nimmt mir, was mir ohnehin nicht gehört.

Wenn ich mich entferne verwandle ich meine
Ausschliessung
In ein Bild.

Welches Bild entsteht?
Ein Bild steigt in mir auf.
C.D. Friedrichs Eismeer Romantik….
Ich sehe mich als kleine Figur hineinprojiziert
verlassen
auf einem dieser Eisblöcke…
Mir ist kalt.
Aber es gibt keinen Weg.
Das Schiff ist zerschellt.

Was für die anderen die Form ist,
erlebe ich als Kraft und Gewalt.
Zwanghaft
Der Liebende als Künstler.

Lass die Bilder
Denn Dürrenmatt grüßt mit dem zweiten Gebot.
Du sollst Dir kein Bild vom Göttlichen machen.
Geht das überhaupt?

Eifersucht
unwürdige Betriebsamkeit

Freud etwas verkürzt: [1]: „Ich bin ausschließlich, wo ich liebe."
Ai   = indogermanisch Feuer
Eiver = althochdeutsch das Herbe und Bittere
Sucht = die Seuche und Krankheit

Im besten Fall tragisch,
nicht psychologisch
Erwächst aus meinen Bildern,
nicht aus dem Denken

Der Geliebte könnte eine andere Person vorziehen.

Ich leide:
... an dem Zustand,
... an dem Vorwurf ggü. dem Anderen, an der Kleinlichkeit
... dass ich Ihn verletze, vielleicht verliere
... dass ich an dieser Banalität leide
... ausgeschlossen, aggressiv, verrückt und gewöhnlich zu sein.

Zu kurz gekommen?

Nur Vollkommenes lässt sich teilen
das ist Ihr Adel.
Ich muss mich der Teilung fügen
wie Hölderlin, wie Werther

Trauer – grenzenlos.

Klingt irgendwie schlüssig
Doch ich kann mich dem nicht anschließen –
praktisch meine ich!
Denn was heißt teilen?
Wie weit geht das?

*1) Sigmund Freud: „Niemals sind wir ungeschützter gegen das Leiden, als wenn wir lieben, niemals hilfloser unglücklich, als wenn wir das geliebte Objekt oder seine Liebe verloren haben." (Das Unbehagen in der Kultur, Kapitel 2) 1930

Alle Wollust

Paradiesisches Bild des Höchsten und Guten und
Schönen
Von Geben und Nehmen
Volle Befriedigung der Begierde

Trost und Wollust im Leibe und in der Seele
„Allinsgesamt" Genuss
Eine Art verdichtetes oder gar überstürztes
Empfangen
Überfällt mich
Inwendiges Überfließen

Ich werde gefüllt
Erfüllt

Sobald es nachlässt fühle ich mich je länger je mehr
betrogen
Zuerst über die Maßen erfüllt... dann langsames
Abebben...

Ein Wunder
weder gesättigt
noch trunken

Ich habe Schluss gemacht mit dem „Nicht genug"
Dann erlebe ich die endgültige Himmelfahrt des
Imaginären

Bitte nicht das Glück, den Moment,
verschandeln
hinter der Sprache

Wenn ich in diesem Zustand bin,
erscheint mir die Sprache kleinmütig.
(Erst im Moment der Verletzung, des Verlustes und
des Schmerzes kehre ich zur Sprache zurück.)

Ich bilde mir eine Utopie, abgeleitet aus einem
Hochgefühl
also einem Moment

LUST will nicht erben, keine Kinder
Will Ewigkeit
Will Wiederkunft
Will alleins SEIN

Satis steckt in
Satisfaktion = genug, Befriedigung
Als auch in Saoul, Satullus = trunken

Das WOLLEN der LUST –
Manchmal im Gefühl zu verbrennen oder zu
vertrocknen.

Die Erwartung

Ein Theaterstück in 3 Akten ... "Erwartungsangst"

Akt 1:
Sie wartet auf den Geliebten im Wald - nachts - und
er kommt nicht
oder
Er wartet auf den Telefonanruf - und das Telefon
schweigt
oder
Sie warten auf die Heimkehr - und der Zug fällt aus!

Feierlich-pathetische Proportionslosigkeit in Angst
Feierlich beschwöre ich eine Szene herauf
Aus der rechnerischen Größe von Minuten entsteht
eine ernstliche Sorge

Akt 2:
Nun kommt Zorn auf.
Wenn der andere nur da wäre, damit ich ihm
endlich alles vorwerfen kann

Akt 3:
Zu guter Letzt komme ich auf den Grund
der Angst verlassen zu werden
oder Trauer über irgendeinen Verlust des Anderen

Das ist das ganze Stück ... das durch die Ankunft
des Anderen abgekürzt werden kann (oder
verzögert durch Andere) ...

Je nach Ankunftszeit in Akt 1, 2 oder 3
haben wir eine ruhige Ankunft, eine Szene oder
Dankbarkeit und Gnadenerweis

Doch was, wenn ich kein reales Wesen erwarte?
Was, wenn ich nichts vereinbart habe und doch
erwarte?
Auf Hoffnung hin oder Erfahrung
Prophet oder Stalker
Ist das ein Wahnzustand?

Das alles wird nicht einfacher, mit einem Smart-
Phone,
nur virtueller, platonischer und öffentlicher
Was, wenn jeder potenziell alle
Kommunikationskanäle in der Tasche trägt,
und dann die Batterie leer ist oder der Empfang
nicht gegeben ist

Es hat alles ein Maß
Die junge und heiße Liebe erwartet anders als die
abgekühlte ...
Die Identität des Liebenden - ich bin der, der wartet,
der nicht zu spät kommt ...

Lass Deine Begierde erschlaffen
werde lau
Warten lassen ist das Vorrecht der Macht
uralter Zeitvertreib der Menschheit.

Ein Mandarin in Liebe zu einer Kurtisane entbrannt
musste 100 Nächte ihrer vor dem Fenster auf einem
Schemel harren

in der 99sten Nacht hat er abgebrochen.

Doch heute?
Wann brechen wir heute ab?
Im Zeitalter der Sofortbefriedigung?

Im Exil des Imaginären

Exil
Entsagung,
Ferne der inneren Heimat

Das Bildhafte
In meiner Vorstellung
Scheinhaft
Scheinbar
Nur in meiner Vorstellung
Fiktiv

Nicht vom Geliebten fern sein
Sondern sich von seinem Bild zurückziehen
Schlimmer noch
Die rauschhafte Energie versiegen lassen

Beginn langer Schlaflosigkeit
Der Tod des Bildes für mein eigenes Leben

Liebesleidenschaft ist Wahnzustand
Merkwürdige Trauer, Abschied trotzdem der andere
noch existiert
Der Tod seines Bildes
Kann ich ihn feiern?

Die Stille bleibt folgenlos
Das Telefon schweigt
Und es ist belanglos
Das ist der Weg

Entzug, Angst, Bedrückung, Sieg, Heilung,

Im Randbezirk der Melancholie
Gesteigerter Mangel
Verlust einer Sprache der Liebe

Alles ist ruhig und das ist umso schlimmer
Zugang zur „wahren Liebe"?
Was für ein Geysir

Ich versuche mich vom Imaginären loszureißen
Ein Schwelbrand, der sich unterirdisch immer
wieder entfacht,
mich entzündet....

Eine Leugnung der Trennung macht keinen Sinn
Wie kann ich nur überwinden?

Grenzerfahrung der Existenz – Ich-liebe-Dich

Bezeichnet nicht das Geständnis
Sondern die wiederholte Entäußerung
des Liebenden
an der Grenze der Sprache
ohne Symbole, Umschweife und Parabeln
ohne Netz

Verausgabe ich mich auf der Suche nach dem
Gegenwort
des geliebten Menschen.
bis das Amen, das Gegenstück etwas Neues
erschafft

eine Revolution
ohne Haben-Wollen und Besitz
ohne Festlegung und Bild

bis das „So-wie-ich-Dich"
bei Pellias und Milesande meine Unstetigkeit
beendet.
bis der fliegende Holländer ankert

Zieht umher
mit einem Höhenflug
einer Holophrase
ICH-LIEBE-DICH

Deshalb ist es auch so leer
denn wir Menschen haben es entleert

dieses existenzielle JA zu Dir
und zur Bedeutungslosigkeit einer Hülle verkommen
lassen.
Geschändet von jeher
ausgeleiert

und doch wieder
frisch unschuldig und verschenkend.

Das Geisterschiff

Was ist das für ein Ziehen, was ist das für ein
Schweifen?
Bist Du mein Freund doch in einer glücklichen und
guten Liebesbeziehung,
so fängst Du doch plötzlich an, Dein
Liebesverlangen zu streuen
auszuschweifen?

Wie endet eine Liebe?
Endet Sie denn überhaupt?
Warum weiß es niemand?
Warum wissen es nur die anderen?

Da war doch einmal der Aspekt der Ewigkeit
gefühlt, gedacht, empfunden
und nun entfernt sich das Traumschiff, blinket in die
Unendlichkeit des Kosmos
tonlos und dumpf
Das Ende kann ich nicht dichten
es gehört den Anderen,
wie mein Tod.

Eine merkwürdige Dialektik setzt ein.
Wie ein Wechsel der Klänge
Jedes Mal neu - wie die Wiedergeburt des Phönix

Freund, Dein Schweifen ist komisch
wie Ballett und große Oper zugleich

Du bist wie der fliegende Holländer
verdammt über das Meer zu irren

bis Du eine Frau gefunden, die Dir ewige Treue
hält.
Oder was soll sie sein oder tun?

Doch Du kannst das Schweifen nicht mehr lassen,
ohne Ankunft.
Hast Du Deine Bestimmung vergessen?
Ist das Deine Bestimmung oder Deine Schwäche?

Du hältst unerträgliche Erfülltheit nicht aus.
Und Dein Schweifen dauert an.

So bleibst Du und die Begehrten
in jeweils Ihrem System verhaftet

Doch woher schöpfst Du die Energie zum
Neubeginn?
Aus der Verschiedenheit? Aus dem Trieb, dem
Zwang, der Sehnsucht?
Das ist die ewige Unbeständigkeit?

Ein Pirat ein Leben lang -
Liebespirat.

Das Liebessehnen

Subtile Form des liebenden Begehrens,
jenseits allen Habenwollens
Widersprüchlicher Zustand süßen Begehrens.

Übergang von narzisstischer zur Objektlibido?
Liebessehen bricht auf ohne Ziel – ist das Ziel

Blickt Sie ihn nur flüchtig an -
Was setzt sie in Gang?
Was geschieht mit ihr?

Lähmung, Blutleere, Fieber, Stocken

Antworte doch endlich!
Dein Name ist ein verströmender Duft
Deine Farbe erglänzt

Es ist das Gegenteil des Satyr
Das Gegenteil zur Sofortbefriedigung
Verlangen und Begierde überall

Die Romantik
Das Zeitalter des Sehnens
Am Tisch der Sehnsucht der nie leer wird.
Hier ermattet der Liebende.
Ein Hunger ohne Sättigung.

Stummheit des Geliebten

Das Liebesobjekt reagiert, wenn überhaupt,
sparsam
Warum auch immer

Entscheidungsangst kommt auf.
Soll ich als Wüstenprediger fortfahren?
Meine Brillanz verpufft –
Meine Sprache – kein Abfallprodukt
Vielmehr ein Ladenhüter

Die Entscheidung, oder besser der Umgang damit
Bedürfte der
Sicherheit
Die die Sensibilität des Liebenden
Nicht zulässt.

Das ist im Grunde
Für den Liebenden – sterben –
An dem ungesagten, ungehörten,
und in einer dumpfen Tonne
verhallenden
Liebesresonanz

Im sanften Frieden Deiner Arme

Wir sitzen in himmlisch-vollkommener Entspannung
an diesem zauberhaften Ort
und sind zugleich entrückt
ortlos
angekommen, heimgekommen

Was ist geschehen?
Wie sind wir hierher gelangt?
Wieso fühlt sich das so gut an?

Die liebende Umarmung
reglose Umschlingung
in kindlicher Wonne

Das ist der Moment der Stimme
die mich bannt und entrückt
der Moment des Duftes
der Moment der Haut und des Atems
des Herzschlags und der Stille

Alles ist wie Heimkehr zur Mutter
aufgehoben
in verlängertem Inzest

Nichts müht sich ab
oder wird gewollt
keine Begierden
im Moment alle gestillt

Doch daraus erwächst das Geschlechtliche
die Logik der Begierde setzt sich in Gang

Mütterlichkeit und Genitalität
wie ein Kind das eregiert
wie der junge Eros

Das ist der Augenblick der Bejahung
Erfüllung
einmal erlebt, suche ich sie immerzu.

Vereinigung

Mein Freund…
Ich sehe außerhalb des Käfigs
ein Raubtier – Dich
wie ein Voyeur, ein Zaungast

Du träumst von der totalen Vereinigung
Bist liebestrunken

Deine einzige einfache Lust
unbefleckte, ungetrübte Freude.
Erfüllung
Vollkommenheit der Träume

Das rührt mich an
Und ist zugleich lustig

Es ist die Aneignung,
In Besitz nehmen (vielleicht… je nach Belieben)
fruitiver Genuss
mit dem Mund!

Ich sehe das immer wieder:
Den Zwitter von Plato, von Aristophanes
Beide Hälften vereinigt
Begierde ist, wenn einem fehlt, was man hat
und gibt, was man nicht hat.
Ergänzung nicht Vervollständigung

Vier Beine, vier Ohren, ein einziger Kopf
Die Hälften liegen Rücken an Rücken
oder Gesicht zu Gesicht…

Der Zwitter ist für mich nicht darstellbar.
Oder wenigstens bringe ich es nur
zu einem monströsen und grotesken Körper.

Aus dem Traum entsteht eine Farce,
aus dem Schönen das Hässliche.

Was ist das vollkommene Paar Phaidros?
- Orpheus und Euridike?
  Der Verweichlichte geht an dem Objekt
  seiner Begierde zugrunde.
- Admet und Alkestis?
  Sie nimmt dem Sohn seinen Namen und gibt
  ihm einen anderen – will heißen verbiegt die
  Identität und Herkunft?
- Achilles und Patroklos
  Suchen die Vollkommenheit im selben
  Geschlecht – nicht jenseits der Teilung –
  Liebhaber und Geliebter

Mein Freund: Wie oft suchst Du noch, dass einer für
den anderen komme?
Wann begreifst Du endlich, dass die
Unbekümmertheit der Permutation nicht geht?

Nicht mehr!

Du träumst, dass alle anderen ein Einziger wären?

Nein! Ich träume eine vereinigte sternförmige
Gestalt,
die sich und alles verbindet

Mein Freund: Traum der vollkommenen
Vereinigung. Alle Welt hält ihn für unmöglich

JA! Aber er besteht fort.
Ich lasse nicht davon ab.

In Athenischen Grabstehlen gibt es den Gatten der
geht,

wie in einen Urlaub….
Das ist mein Beweis der Existenz
Für meinen Traum
Weil er sterblich ist, glaube ich daran

Denn das einzig Unmögliche ist die Unsterblichkeit.

Ich will verstehen

Stehe am Abhang
oder im Wald
brülle
seltsamer Schrei einer Verzweiflung
Warum?
Warum ich?
Was widerfährt mir hier?

Denken
Erfassen kann ich nicht
Befangen in der Existenz
Nicht in der Essenz
Nicht zugänglich dem Denken und der Reflexion

Ich schreie nicht: Wann hört es auf.
Ich schreie: Ich will es verstehen!

Ich will Lust – und wenn ich sie sodann nicht
bekomme?
will ich verstehen warum ich sie nicht bekomme....
Intellegi volo

Das ist der Zwang, die Narrheit

Verstehen: heißt das nicht dahinter sehen?
Das Bild zu zerschneiden
Das ICH aufheben
Die Verkennung wegwischen
Den Inneren Kreisel anhalten und schauen

Prophetische Liebe

Prophetischer Traum
Fehlleistung des Bewusstseins
Immer wieder
Muster über Muster und
Schicht über Schicht

Zur Liebespatina.
Ohne Erkenntnis?

Mein Sohn!
Ich kann Dir nichts raten.
Von mir gibt es keine Erkenntnis.

Lob der Tränen

Es scheint nicht mein Metier.
Ich kann die Momente meines Weinens in denen
meine Tränen flossen an einer Hand abzählen
zumindest in meiner Erinnerung
Beteure ich dadurch meine Männlichkeit?
Ist es eine Zensur?

Ich neige nicht dazu
und es ist ein wenig, wie wenn ein Blinder über
Farben schreibt ...

Weinen
Regung aus Glück oder Kummer
Weint der Liebende oder der Romantiker?

Gibt der Weinende der Weisung des Körpers nach?

Wer schreibt eine Geschichte der Tränen? - fragt
Schubert.
Seit wann weinen Männer nicht mehr?

Das Wort Weinen ist über die Zeiten hinweg
zu indifferent
zu diffus

Ludwig der Heilige litt darunter, nicht die Gabe der
Tränen zu haben.
Im Jahr 1199 ging ein junger Mönch ins Kloster
Brabant zu den Zisterzienserinnen um das
Geschenk der Tränen durch Ihre Gebet zu
erlangen.

Im 17. Jahrhundert und in der Antike wird im
Theater viel geweint.
Im Film „Die Marquise von O." wird geweint und die
Leute lachen.

Die Art des Weinens bei Trauer oder Freude ist
nicht dasselbe.
Das ist klar.

Tränen in der Traumdeutung:
Zeichen der Unschuld
der Reinwaschung

Zärtlichkeit

Etwas Leichtes
Wie eine Feder – auf der Haut

Zwischen Verlangen und Begierde
Zwischen Friede und Aufruhr
Zwischen Himmel und Hölle

Er schmiegte sich an Sie
Sie schmiegte sich an Ihn
Liebreich, gütig und ruhig

Nichts bewegte sich
Die Zeit hält still
Schau und Geste zugleich
Empfangen und Geben

Vergiss nicht
Dass ich Dich ein wenig, leichthin begehre,
ohne etwas sofort haben zu wollen.

Ersetze ich das eine durch das andere
Wiederkehr des Rhythmus
Zurückweichen des Nirvana

Im Bann
So oder so

Ich gehe zugrunde – ich erliege

Versetze Dich in Deine dunkelste Stunde,
in den Moment, in dem Du dachtest Du zerbrichst
In dem Dich Deine Eingeweide nach Außen kehrten
und Du nicht mehr weiter wusstet
Oder aus einer Aufwallung heraus nicht mehr
wolltest
Nahezu überwältigt und fremdgesteuert, ergriffen
und weggerissen
Ich gehe zugrunde - ich erliege

(in einem Sog)
aus Verzweiflung oder
aus Glückserfüllung
(das Zweite ist wohl in Vergessenheit geraten ...)

auch das ist eine Lust
eben dies „Zugrunde-zu-gehen"

Kein Erpressungsversuch
Kein Aufmerksamkeitsdefizit
Kein Exempel
NEIN ganz für mich, oft ohne erkennbaren Grund

Anhauch des Abgrunds
Was löst er aus?
Augenblick der Hypnose
Süße des Abgrunds
Verlockung
etwas zieht mich in die Tiefe
Und das Gegenteilt ist Lebendigkeit und
Wiederstreben dem Hinunterziehen.

Schon beim Aufstehen

Ich will keinerlei Verantwortung
gebe mich Gott, der Natur anheim
nicht aber dem Anderen

Doch was heißt Zugrunde gehen?
Warum diese Verherrlichung des Selbstmordes?
Warum verliebt in den Tod?
(Das ist mir im Grunde fremd!)

Weil es für mich keinen Platz mehr gibt?
Weder Ort noch Person!
Ein Platz? Hatte ich ihn je?
Den Anderen? Von dem ich gelebt habe, ihn so
gesagt "missbraucht" habe?
(Und das kann der Leidende nicht mehr aushalten?)

Das scheint also der Ausweg:
Erliegen
Ein Nicht-Ort und ein Nicht-Anderer.

Aber es ist eine Illusion!
für Schwächlinge und Schwärmer.

Die bequeme Form der Selbstauflösung gibt es
nicht.
Nach Belieben verschwinden - ohne existenziellen
Kampf geht nicht.
Verweigerung von Mut, Kraft, Moral

Aus einem Anflug von Schwäche oder doch Stärke?
Ist das gemeint?

wertfrei

So leicht wird nicht gestorben
und nicht gelebt.

Halt – verweile doch….

Verweile doch schöner Augenblick
schöner Mensch

einmal für immer gewonnen
einmal heraustreten aus dem Zifferblatt
einmal ankommen
in Lust und Moment und
in uns

das Schöne erleben –
Sein – für immer

Kein Stillstehen, eher Verdichtung
mit einem mystischen Trick
den Kosmos ausheben

Aufblitzender Augenblick
die Fülle der Ruhe
und der Lüste
zu teilen mit der Schönen

Flehend wie ein Kind -
dass nicht weiß,
dass es nicht geht.

Lange schlafen

Erschöpfung und Müdigkeit
Verausgabt
Durch den Aufruhr der Sinne,
durch die Unruhe der Liebe,
durch die Schwerstarbeit des Sehnens

setzt mir zu
wie schwere körperliche Arbeit
meine Stimme ermattet
nun schließe ich die Augen
und ringe mit den inneren Bildern
und Stimmen und Gerüchen

Ich, mein Körper, meine Stimme, meine
Bewegungen
Werden sanft und matt
Ich werde innerlich
Mein Schlaf erlöst mich
Für lange Zeit

Musik

Verknüpfung zwischen Musik und Liebesgefühl?
Wechselseitige Durchdringung

Wirkungen?
So viele unterschiedliche

Vergessen des Dunkels
beruhigen
befreien
in der Schwebe gehalten

Löst sie die Angst?
Wenn ja welche?

Schweigt sie?
Schwingt sie?

Was ist Ihre Magie?
Es ist, wie es ist,
ich kann nur staunen.
nur andeuten
nur Fragen.

Nachklang
(für Lydia)

Am Morgen

nicht allein erwachen
auferstehen

nicht allein die Nacht mit ihren Träumen
nachklingen lassen
nicht alleine schweigen
nicht alleine lächeln und scherzen

Frühstücken
Bett und Bude verlassen
türmen

Zärtlichkeiten tauschen
Küssen, den andern spüren
sich anschmiegen.
Vorsätzlich zu lange liegen bleiben
Vielleicht gar an freien Tagen
Den Morgen im Nest bleiben

Nicht wie der Liebhaber mitten in der Nacht
aufgebrochen
Nicht zweite Wahl

gewünscht
gewollt
beschwingt
beflügelnd

Zeitfracht Medien GmbH
Ferdinand-Jühlke-Straße 7
99095 Erfurt, Deutschland
produktsicherheit@kolibri360.de